울어야 산다

울어야 산다

초판 1쇄 인쇄 : 2018년 6월 5일 **초판 1쇄 발행 :** 2018년 6월 12일

ISBN : 978-89-98988-13-5
CIP : 2018016427
편집 디자인 : Real Lies Media
등록 일자 : 2013년 2월 13일
삽화 : 박 아 름
책 표지 디자인 : 강 현 우
본문 출력 및 인쇄 : 피 앤 엠 123
발행인 : 한 기 열
팩스 : 0303-3440-0315

이 도서의 국립중앙도서관 출판예정도서목록(CIP)은 서지정보유통지원시스템 홈페이지(http://seoji.nl.go.kr)와 국가자료공동목록시스템(http://www.nl.go.kr/kolisnet)에서 이용하실 수 있습니다.
(CIP제어번호: CIP2018016427)

울어야 산다

박동광 시집

Real Lies Media

프롤로그

환갑이 다가오기 얼마 전이었다.
지난 세월 돌아보니 결코 짧지 않은 삶이었다.
그런데 갑자기 이런 생각이 들었다.
지금까지 살아왔던 이 세상을 이제부터는 표현해보자.
그래서 그 때부터 즉흥적으로 SNS에 글을 올렸다.

지금 돌아보니 서툴고 어설프기 한이 없다.
하지만 퇴임을 앞두고 기념으로 대담하게 용기를 내었다.
그동안 SNS에 올렸던 글들을 다시 다듬었다.
그리고 이렇게 얼굴을 내밀었다. 부끄럽기 짝이 없다.
다시 다듬었지만 밑천이 짧아서 역시 볼품이 없다.
다만 이런 삶의 흔적도 있구나.
그렇게 가볍게 봐주었으면 하는 바램뿐이다.

솔직히 나는 시가 무엇인지 모른다.
그냥 느낌과 생각을 적었을 뿐이다.
괜히 눈만 어지럽게 하지 않았나 걱정도 된다.

나는 참으로 눈물이 많다.
TV를 보다가도 운다. 설교를 듣다가도 운다.
찬양을 하다가도 운다. 툭하면 운다.
그래서 표제도 '울어야 산다'이다.

- 퇴임을 앞두고 일영산에서

울어야 산다 I 하나 봄

울어야 산다 I 둘 여름

울어야 산다 I 셋 가을

울어야 산다 I 넷 겨울

울어야 산다 I

하나 봄

울어야 산다 1

풍랑 없는 바다 없듯이
눈물 없는 인생은 없다

흐르는 눈물
애써 참지 말자
부끄러워하지도 말자

눈물을 감추려
고개를 떨구지 말자
하늘을 바라보지도 말자

눈물도
삶의 한 조각
살아 있어서
울 수 있는 것이다

강물이 흘러가야 하듯
눈물도 흘려야
고임도 막힘도 없고
기쁨은 자라고
슬픔은 씻기니

울어야
살 수 있는 것이다

개학 날

게으름으로
잠들었던 삶의 시계는
자의 눈금처럼
정한대로 움직이고

귀먹은 듯
적막을 껴안은 교정은
닫힌 병뚜껑이 열리고
갇혀 눌렸던 탄산수
분수처럼 솟아오르듯
젊은 활기로 차오르니

얼마 남지 않은
교학상장의 길이
봄에 돋아나는 새싹처럼
마냥 새롭기만 하다

춘설

매화꽃 벙글고
상사화 새싹 돋아

그렇게 그렇게
봄은 오는가 싶었는데

때 아닌 춘설이
하얗게 쏟아져
봄을 지워 보지만

매화꽃 홀로 향기롭고
상사화 새싹 더 푸르니

봄은 마냥
그렇게 그렇게
오는 것이 아니구나

봄

삼월에는
오는 소리로
요란스럽더니

사월에는 마침내
찾아 왔습니다

소리 없는 함성으로
타오르는 불꽃으로

벚꽃 나무 아래서

화려한 몸짓으로
절정의 비명 토해 내는
벚꽃 나무 아래에서

송이 송이
하얀 속살 풀어헤친
부신 그 자태에
눈 멀고

송이 마다
함성처럼 쏟아지는
밀어들의 속삭임에
귀 멀고

송이 마다
꽃잎 스친
향기로운 바람결에
숨 막혀서

봄을 삼킨 춘정이
산채 같은 물결로
취하여 일렁거리며
벙어리 냉가슴으로
봄날을 간다

낙화

꽃이 진다.
화사하게 물들이고
나를 떠나간다

떠나 간 빈자리
초록으로 위로하며
나의 봄이 떠나간다

찬란하게
타오르지도 못하고
지는 꽃잎들과 함께
무디어진 감각 속으로
또 그렇게
나의 봄이 떠나간다.

지는 꽃잎마다
이별처럼 내려앉아
하얀 그리움으로
다시 피어오른다.

진달래 꽃

일영산 산자락에
진달래꽃 붉게 피었다

누구를 향한
그리움이기에
저토록 붉게 피어나는가

내 마음도
붉게 물들었다
소쩍새 울음소리에
나도 모르게

진달래 꽃의 추억

일영산 산자락에
진달래 꽃 붉게 피었다
소녀가 꽃을 따와서 물었다

먹어도 되나요
어렸을 때 많이도 먹었단다
독이 있지 않나요
글쎄 모르겠는데

먹으면 어떻게 될까요
지금까지 이렇게
멀쩡하게 살아있단다

갸우뚱하며 지나가는
소녀의 뒷모습으로
삼짇날이면 계곡을 찾아
이 언덕 저 언덕 오르며
진달래 꽃을 따서 먹고

어머니께서 부쳐 주시던
화전을 먹으며 뛰어놀던
철없던 어린 시절이
진달래 꽃의 추억으로
새록새록 피어난다

어느 봄날의 산행

산길 초입에 만난
탱자 꽃 하얀 미소로
가려진 휘장을 여는
숲의 모꼬지

숲이 쏘아대는
상쾌한 녹색바람과
신록이 뿜어내는
눈부신 초록물결 속에

길 없는 숲속에서
나무들 하늘로 문 열고
팔 벌려 우러러 합창으로
향연을 드높이며

산새들은
오르락 내리락
휘파람 소리로 즐겁고

길 가의 애기똥풀
해맑게 웃음 짓고
제비꽃 작은 몸짓으로
보랏빛 연가 속삭이며

이름 모르는 수많은 꽃들
이름을 불러 주지 않아도
저 홀로 피어 숲을 지키고

연분홍 복사꽃은
어린시절 동화를
울긋불긋 수놓고

햇살에 안겨 만발한
조팝나무 하얀 꽃에
먼 옛날 수의를 입으신
아버지를 추억하는데

소설처럼
쏟아지는 소낙비로
돌아서는 발길에
동행의 흥얼거림으로
막을 내리는
어느 봄날
미완의 숲 잔치

“풀잎 새
따다가 엮었어요
예쁜 꽃송이도
넣었고요“

운수암 가는 길

직지사
운수암 가는 길에
비가 내린다

길가에 산딸기 꽃
비에 젖으니
젖은 대로 아름다워라

나도 젖어 함께 가니
산행 길에 내리는 빗방울도
아름다운 동행이라

은행 꽃

내 마음에
은행 꽃은 없었다.

오랜 세월
그 자리에 그렇게
은행나무는 서 있었지만
내 마음에 은행 꽃은 없었다.

꽃들이 무수히 져서
수많은 열매들을 맺었건만
그 작은 은행 꽃들은 보이지도 않았다

비바람을 안은
무성한 초록 잎 새들과
가을이면 찬란하게 변하는
눈부신 황금빛만 있었다.

오늘 마침내
내 마음에도 은행 꽃이 피었다.
그리고 하나의 소중한 의미가 되었다.

내가 보는 것이
세상의 전부가 아니라는 것을

두물머리에서

남한강과 북한강이
서로 만나는
양수리 두물머리

두 물길이 만나서
속 물결 서로 섞고
물소리 깊숙이 삭히며
하나 되어 유유히
흘러가는 강가에

홀로 외로이
강물을 바라보며
수백 년 두물머리 지켜온
느티나무의 그 무성한
잎 새들의 푸른 속삭임

두 물길이 서로 만나
하나 되어 흘러가는
두물머리 강물처럼

너와 나는 하나라고
남과 북
우리도 하나라고

그 속삭임에
배다리 위로
까마귀 울음소리
허공을 가르고

한라에서 백두까지
무궁화 꽃으로
물들어 간다

아카시아 꽃

불현 듯 밀려오는
농밀한 향기에
너 피어난 것을 알겠다

꽃 보다 향기로
몸짓하는 너

문득 고개를 드니
기별도 없이 어느새
아카시아 꽃 온 산 가득

해일처럼 밀려와
부셔지는 향기에
따뜻하게 젖어드는
삭막한 도심

비

비가 내린다
소나무 위에도
아카시아 나무 위에도

꽃잎도 젖고
송화가루도 젖고
황홀한 향기도 젖고
아쉬움에
마음도 젖는다

산다는 것은
함께 젖어 가는 것
메마른 땅이 젖어야
생명이 움트듯이

찔레 꽃

길을 가다
길섶에서 만난 찔레 꽃

고향 언덕에
피고 지던 그 찔레 꽃

그윽한 향기에
묻어나는 체취들
새하얀 꽃잎에
스쳐가는 얼굴들

가슴 하얗게
그리움이 차오른다

연한 찔레 순 꺾던
그 고운 손등 위에도
별이 뜨고 지고
무서리가 내렸겠지

체육대회

세상 소리 끊어진
일영 산의 아침

산비둘기들 울며
축하 비행을 하고
아카시아 꽃향기
성화로 피어 오르니

눈금 같은 호흡들이
가속 페달로 가빠지고
변함 없던 체온들이
열정으로 타오르니

뜨거운 열기들 뿜어져
하나로 용솟음 쳐 올라
벽과 벽을 허물고
마음과 마음을 열어

한바탕 축제마당에
젊은 청춘들이 다함께
푸른 하늘 위로 쏘아올린 함성
경쟁을 넘어 우리는 하나

금계국

잿빛을 이긴
눈부신 초록의
교정 잔치 마당을

노오란 촛불로
따뜻한 합창으로
마음껏 축제를 하고

바람에 실려
가는 곳 마다
들불로 번지니

사념의
마른 들판에도
들불이 지나 간 자리

뜨거운 열기를
머금고 오롯이 솟아난
꽃 봉우리 하나

스러진 가슴이
꽃 봉우리 안고
다시 일어선다

낙동강 가에서

하늘을 안고
강물은 흘러가고
마른 갈대숲 저 쪽에서
바람이 부드럽게 불어온다

반짝이는 물비늘 위로
별들이 꿈을 꾸고
깨어져 돋아난 예각들
쓰다듬는 바람결에 스러지고
닫힌 빗장 문이
개망초 꽃 하늘향기로 열린다

메마른 들판에도
새로운 강물이 열리고
꽃이 피고 별이 뜨고
강물위로 견인된 배
불씨하나 싣고 흘러간다

강물은 돌아오지 않고
하늘가로 흘러간다

아침단상

아침고요
자욱하게 흔들던
젊음의 아우성 잦아든
일영산 산기슭

이제나 저제나
기다렸다는 듯
산새들 저마다의
악기로 합주하고

하얀 초롱마다
불 밝히며
초롱꽃 거룩한
종소리 울리니

이 아침에
초대받지 않은 마음도
한 마리 새가 되고
하나의 울음이 된다

오월을 보내며

잠시도 멈추지 않고
세월이 부르는 열두 마당
다섯 번째 노래 가락

신록이 푸른 녹음으로 자라가듯
해 맑은 웃음이 희망으로 커 가고

몸을 태워 어둠을 밝히는 촛불같이
자신을 던지는 사랑이 타오르고

백짓장 마음이 활자에 베이어
향기로운 꽃으로 피어나며

두 마음이 합하여
하나의 은행잎으로 돋아나는

아름다운 노래 가락
너를 떠나보낸다
다시 부를 너를 기다리며

울어야 산다 I

| 둘 여름

울어야 산다 2

혼자 가는
외로운 인생길

함께 울 때
너와 나는
포개어 지고
하나가 되고
우리가 되는 것이다

혼자 웃는 삶 보다
함께 우는 삶이
더 행복한 것이다

6월의 어느 날

천리 물길 속에 잠긴 듯
나무들도 숨죽이는
고요 속에
별안간 흩어지는
뻐꾸기 푸른 울음소리로
푸른 하늘은 더욱 푸르고
일순간 깨어진 적막은
적막 밑바닥으로
더 깊이 침몰하고
뜨겁게 익어가는 햇살아래
애타는 그리움으로
상사화 붉게 물들어 가는
하루가 천년 같은
6월 어느 날

비가 오면

비가 오면
그어지는 무수한 빗금들
젖은 사선들 사이로 번져오는
아련한 잿빛 실루엣에
까닭 없이 사로잡힌 눈길은
그저 바라만 보고

비가 오면
떨어지는 수많은 빗방울들
사물에 부딪쳐 울려나오는
젖은 음표들의 불협화음들
알 수 없는 속삭임을
마냥 듣고만 있으니

비가 오면
신의 건반 위에서
나도 음악이 되고
신의 캔버스 위에서
나도 그림이 되네

쟈스민 1

무심하게 흐르는 침묵 속에서
약속처럼 떠오르는 해와 같이
어김없이 써는 보랏빛 연서로
또 다른 새하얀 새날을 꿈꾸며
아득한 향기로 홀로 새벽을 깨운다

쟈스민 2

언제 어떻게
나에게로 왔는지
기억조차 나지 않는다

어찌되었든
가장 오랜 세월을
터주 지킴이가 된 쟈스민

때로는 바빠서
때로는 무관심으로
방치가 천정에 다다르면

어김없는 약속처럼
어떨 때는 초록색 잎 새로
어떨 때는 보라와 하얀 꽃으로
어떨 때는 유혹적인 향기로
관심을 갖게 반복한 세월이
어느 덧 십 수 년

이제는 애착이
그림자처럼 머무는
신의 선물이 된 쟈스민

오늘도
보라와 하얀 빛깔로
거부할 수 없는 깊은 향기로
나를 붙잡는다

일영산 청춘에게

비취색 산 기운
자욱하게 내려앉은
일영산의 아침

신의 금관악기로
연주하는 산새들의
아름다운 노래 소리와

교정을 따뜻하게 밝히는
초롱꽃의 하얀 불빛들

바른말 고운말로
마음과 마음을 엮어 보자는
하는 말을 바꾸어
삶을 바꾸자는
또바기 들의 울림들

이 모든 것들이
빈손으로 돌아오는
메아리가 아니라
청춘들 마음에 가득하게
오래 오래토록 울려
아름답게 빛나라
일영동산에

직지사의 아침

아침은
다림질로 곱게 편
새 하얀 옥양목 위로 온다

어둠에 묻힌
잎 새들에 돋아나는 새 빛
맑은 새 소리로 열리는 새 날

새롭게 열리는
직지사의 하얀 새 아침을
오늘도 기쁨으로 색칠하리라

옥녀봉을 오르다

뜨거운 사막을
무거운 짐을 지고
낙타가 걸어가듯이
나도 나의 짐을 지고
옥녀봉을 오른다

지고 있을 때
그 무겁던 무게가
오를수록 가벼워지는 등짐

시원한 솔바람
강물로 흘러 흘러서
시간의 퇴적물들
말갛게 씻기 우고

저 홀로 지저귀는
산새들의 맑은 노래에
매였던 마음 날개 되어
하늘 높이 날아오르고

울창한 나무들 사이로
오아시스처럼 내려앉은 햇살에
새로운 힘줄이 돋아난다

오르면 오를수록
짐은 가벼워지고
하늘은 가까워진다

옥녀봉 한 자락
하늘 한 모서리 담아와
눈 감고 누우니

귓가에는
바람소리와
산새 울음소리만이
가득

베르가못 I Bergamot

이른 아침에
닫힌 문 열고 보니
말없이 흘러내리는
고요의 장막 속에
수레박하 호올로
아침을 지킨다

둥근 밀원은
아침 고요를
향기로 물들이고
꽃송이는
바퀴살로 뻗어 나가
불꽃으로 타 오른다

베르가못처럼
살아야 하리라
밀원의 중심에
시간의 바퀴살 붙이고
불꽃으로 타오르는
수레바퀴를 돌리며

뜨겁게
그리고 향기롭게

상사화 1

동장군의 칼날이
잔설처럼 남아 있는 이른 봄
한 줄기 햇살의 따스한 날개 짓에
창호지 같이 여린 새순으로
차가운 대지 두꺼운 껍질 뚫고 나와
무성하게 잎 키우다가
봄꽃 다 지고 나면
한 점 형체도 남김없이
제 몸 다 내어 주어 삭아지면
고귀한 침묵으로
긴 세월 인내하다가
잎만 무성한 계절에
마침내 꽃대 곧게 세우며
붉은 넋으로 피어나는
상사화는 언제나
말없이 주는
아낌없이 주는
당신의 뜨거운 사랑입니다

상사화 2

뜨거운 여름 아래
꽃대 곧게 세우고
여름보다 더 뜨겁게
상사화가 피었다

결코 만날 수 없기에
애타는 그리움으로
상사화 붉게 피었다

그대는 아는가
상사화 보다
더 뜨거운
나의 그리움을

상사화 3

잎 하나 없이
오직 꽃대만
높이 세워 상사화
곱게 피었다

상사화야
너는 기억하느냐
봄날의 무성한
잎사귀들을

분수쇼

애초에
뼈도 없고
색깔도 없고
얼굴도 없는
너를

이토록
화려한 색깔로
아름다운 모습으로
흔들리는 리듬으로

힘차게
허공으로 솟아오르며
춤을 추게 하는 것이
누구인가

그 찬란한
춤사위 사이로
반짝이며
눈뜨는 것은
다름 아닌

안개

아득하게 피어올라
스멀스멀 누에가
뽕잎을 먹어 가듯이

산을 덮고
강을 뭉게고
너도 지우고
나도 지우고

구분도 허물고
경계도 삼켜버린
물방울 주렴 속에서
갈 길을 잃으니

산다는 것이
보이면서도
잡히지 않는
안개와 같다

울릉도

언제나 처음처럼
태초의 마음으로 설레는
드넓고 푸른 바다

금 새 사위어질 흔적
뱃길의 한줄기 포말을 따라
앞서거니 뒤서거니
오르락내리락 하며
아름다운 곡예로

거침없이 허공을 넘나들며
자유로운 비행으로
친근한 울음소리로
반갑게 맞이하는 괭이갈매기

에메랄드 보석으로 휘둘린 듯
신비한 비취색으로
가늠할 수 없는 깊이까지
훤히 보이는 바다 속살과

가파른 바위마다
악착같은 생명의 뿌리 내리고
물기도 없는 간난의 긴 세월
낮은 키로 맑은 향기로
역설하는 석향

꼿꼿한 햇살 속에서
주상절리 같은
바다 내음 품은 오징어와
바닷바람과 석향의 향기로
고아 낸 호박엿의 풍미

그곳이
신비의 섬 울릉도

네잎 클로버

인생의
광야 길에서

네잎 클로버를 찾느라
세잎 클로버를 밟지 말자

네잎 클로버는 행운
세잎 클로버는 행복이니

행운을 쫓느라
행복을 짓밟는 것이다

지금 내 자리가
바로 행복인 것이다

태로각 협곡에서

높은 산
깊은 골로 들어서니
하늘마저 좁다랗다

가파른 절벽을
망치로 쪼아서 만든
구불구불한 암벽 길 따라
눈부신 햇살이
용솟음으로 쏟아지고

물소리
바람소리만이
깊은 골짜기
가득 메우는데

멀리서
아득하게 들려오는
망치소리는
가슴을 때리고

기다림에 지쳐
망부석이 된 모정이
소리 없이 눈물을 짓는다

노모의 야구사랑

울산 문수 야구 경기장. 롯데 자이언츠와 한화 이글스의 경기.
한 때 유명야구선수이자 지금은 야구감독인 아들을 길러낸
94세 노모와 함께 야구경기를 관람했다.

아들이 속한 구단의 경기가 아니라 조금은 아쉬워 하셨지만
구부러진 허리를 지팡이에 의지하셨지만 그것으로도 부족하여
아들 딸 부축을 받아가면서 경기장에 들어가셔서 그 긴 시간을
딱딱한 의자에 앉으셔서 꼼짝 않으시고 즐겁게 관람하셨다.

남녀노소의 다양한 연령층 그리고 가족 연인 친구 동료 등
온갖 모습의 집단들, 각양각색으로 개성을 연출한 옷차림,
뇌살적인 강렬한 비트에 작열하는 함성, 치솟는 열기,
넘치는 생동감, 백양백태의 응원 동작으로 생면부지의
타인들이 하나의 마음으로 엮이어 지는 참으로 기묘하고
중독성이 강한 순간들로 어쨌거나 즐거웠던 노모와 함께한
야구경기 관람이었다.

울어야 산다 I

| 셋 가을

울어야 산다 3

세월의 강물에서
흐리는 눈물은
강물보다 더 깊고

인생의 사막 길에서
흐리는 눈물은
금강석 보다 더 빛난다

꽃이 시들어야
열매를 맺듯이
눈물이 삶의 배를 띄우고
울음이 인생의 나무를
키우는 것이다

송엽국 사랑

송엽국
봄에 꽃피더니
여름에도 피고
가을에도 피었다

피고 또 피는
송엽국 세상은
겨울이 오기까지는
늘 봄날이다

나도 송엽국이 되고
너도 송엽국이 되면
우리의 삶도
늘 봄날이 되고
우리 세상도
온통 꽃밭이 되리라

우리 살아 있는
그 날 까지

환갑

세월이
강물처럼 흘러
어느새 맞이하는 환갑

돌아보니
철없이 이리저리
세파에 흔들리며
살아온 육십 평생

손발에 못이 박히고
머리에는 하얀 서리 내리고
이마에는 세월의 고랑 패이니
이제 늙었음을 알겠네

좁아진 여백만큼
빨리지는 시계바늘로
다시 시작하는
새로운 갑자

죽음도 삶의 일부
늙어가는 것 두려워 말고
나이 들어가는 것 자랑하리

감당할 수 없는 무게
가벼이 버리는
연잎을 닮으리

한 톨의 씨앗에서
울창한 숲을 보고
한 송이 들꽃에서
심오한 우주를 보는
마음의 눈을 밝히리

새로운
바람이 분다
다시 시작하리라

외가 집

오랜만에
찾아 간 외가 집

백년이 넘는 세월
견디어온 갖은 풍상
바랜 기와 빛으로
말없이 웅변하고

곱게 물든 인생길에
새로운 길 벗 지팡이에
노구를 의지하고
외숙모 홀로 반기니

손길 가지런한
널따란 정원에는
적막만이 서성이고
어린 시절 북적이던
팔남매의 온기는
기억너머로 아득하다

돌아서는 발길에는
평생을 지켜 오신
믿음의 두 손으로
꼭 잡으시니
지워지지 않는
잔상으로 남아
나의 길을 밝힌다

일영산

내 인생의
절반을 키워준 것은
일영산이었다

메마른 나뭇가지
새움 돋아
황량한 회색이
연두 빛 생명으로
물오르면
맥 빠진 핏줄에
새 힘이 솟아나고

눈부신 신록
푸르른 녹음으로
날 에워싸면
세포 세포마다
푸른 잎 새 자라고

푸르름의 끝자락이
아름다운 노후처럼
곱게 물들면
다시 돌아갈 수 없어서
더 아름다운 추억처럼
내 마음도 자락마다
곱게 물들고

지우개 같은 흰눈이
온 산을 덮으면
가득 찬 마음이
다시 채우기 위해
하얗게 비워 지고

하늘이 낮아지고
허공이 무게를 가지며
마음이 무너져 내릴 때
안으로 들어와
버팀목으로 자리하는

오래된 고향집처럼
언제나 그 자리에서
지난 세월
나를 지켜준 것은
일영산이었다

가을밤에

은은한 달빛이
출렁이는 소리에
밖을 나서니

삭막한 아파트
구석진 풀 섶에서
풀벌레 소리 요란하다

선율이 흘러나오는 곳
가만히 다가가서
여기저기 살피는데

인기척에도
아는지 모르는지
아랑곳 하지 않고
쉴 새 없이 울어 댄다

사는 것이
우는 것이고
열심히 우는 것이
행복이란 듯이

요란한 풀벌레 소리로
내 인생의 가을에
반추의 회한만이
속절없이 깊어간다

나는 얼마나
열심히 살았는가
그리고 얼마나
사람을 사랑 했는가

가을 나들이

허공을 걷듯이
가을 속을 걷는다

구름처럼
숲 속을 떠 있는
데크로드를 따라

눈부신 햇살의
따뜻한 속삭임에
닫힌 가슴 열어 젖히고

출렁이는
수정 같은 바람결에
몸을 담그고

구절초 쑥부쟁이
꽃다운 환대에
마음을 적시며

가을을 걷는다
가을 속에 묻혀
온 몸으로 걷는다

달맞이 꽃 1

오직 어두운 밤
달뜨기만을 기다려
피는 달맞이 꽃

지독한
달빛사랑으로
온 몸이
노랗게 물들었다

사랑이란
이런 것이구나
나의 전부를 비워
오로지
당신으로 물드는 것

달맞이 꽃
달빛 사랑처럼

달맞이 꽃 2

달맞이 꽃
시멘트 바닥에서
꽃을 피웠다

바람을 탓할 겨를도 없었다
절망 같은 그 척박한 곳에서
뿌리를 내리고 잎사귀를 내고
희망처럼 꽃을 피웠다

목숨은 질긴 것이라고
절망의 끝은 희망이라고
희망은 스스로
꽃 피우는 것이라고

달맞이 꽃
시멘트 바닥에서
아름답게 꽃 피었다

산막이 길

산이 병풍처럼 막아선 마을
산막이 마을로 가는 옛길에
산이 길러 낸
아름다운 것들의 야단법석도
야단법석이 토해 내는
신선한 생명의 기운에
취한 취객들의 왁자지껄도
어디선가 들려오는
낯 설은 유람선의 기적소리도
산으로 힘차게 솟아올라
산막이가 되는 산막이 길

추억 만들기

높고 푸른 하늘
맑고 시원한 바람
따뜻하고 눈부신
가을 햇살아래

벽과 벽을 허물고
끝 간 곳 알 수 없는
드넓은 마음으로
모두가 하나 된 하루

맑은 바람과
따사로운 햇살로
몸과 마음이
하얗게 씻긴 하루

날개 같은 기분으로
하늘높이 날아오른 하루

사제가 동행하여
즐겁고 아름다운
추억을 만든 하루

사제동행
즐거운 추억 만들기

아름다운 예술제

하늘이 한 뼘이나 높아지고
먼 산이 한 발 성큼 다가서는
맑고 깨끗한 가을날

나뭇잎이 물드는
일영 산 산자락에
잠자던 신명이
기지개를 켜면서
끼와 빛깔을
가락과 춤사위에
싣고 풀어 헤쳐
가을을 물들이는
청춘들의 한바탕 난장

아름다운 예술제
학급별 장기자랑 한 꼭지
가요댄스 경연대회 한 꼭지
일영 산을 압도한
또 다른 한 꼭지는
선생님들의 한바탕 난장

가을 숲속에서

낙엽이 쌓이듯이
가을이 차곡차곡 쌓여 가는
숲속을 걸었다

나무와 나무 사이로
내려앉은 햇살이
눈부신 가을꽃으로
피어나고

바람소리
풀벌레 소리
고운 선율들이
화음으로 울려나는
숲속을 걸었다

길가의 참나무
이 가을을 또 하나의
나이테로 기억하고

도토리 한 톨
새로운 숲을 품고
풀숲에 내려앉아
흙으로 돌아가는
가을 숲속을 걸었다

별안간
고요를 깨트리는
도토리 떨어지는 소리에
더 깊은 고요 속으로 빠져드는
가을 숲속을 걸었다

낙조

지는 해는
갈 길을 끝내고
저녁 하늘 붉게 물들이고

오늘 하루도
기억의 한 조각이 되어
과거 속으로 침전하는데

나는 어떤 빛깔로
지금 물들어 가고 있는지

아름다운 저 저녁놀로
물들어 갔으면 좋으련만

갈대

갈대는
그리움이다

야위어 가는 햇살 속으로
멀어져 가는 너에게
창백한 손 하얗게 물결치는

뭉글뭉글 솟아오르는
그리움으로 쉴 새 없이
온 몸이 흔들리는

갈대는
내 마음이다
너에게

화장장 가는 길

아!
어머니!

듣기만 하여도
가슴이 먹먹해 지는 이름
그러나 이제는
불러도 대답 없는
비석속의 차가운
이름이 되었습니다

이 땅에서
팔십 구년의 세월

허리는 낫처럼 굽어지고
살갗은 소나무껍질 같이
거칠어지고
손가락은 대나무 마디처럼
굵어 지셨습니다

그 피의 흔적
오남매와 자손의 기억 속에
고스란히 남기시고

한 줌의 재로
돌아가시는 날
거센 파도위로
갈매기 외롭게 울고

어머니
한 줌 흙으로
돌아가시는 길에
하늘에서 비가 내립니다

쑥부쟁이

들길로 산길로
가을바람 스러진 곳 마다
기다림으로 피어나는 쑥부쟁이

누군가를
마냥 기다리다
그리움에 지쳐서
연보라 빛으로 물드는 쑥부쟁이

쑥부쟁이 꽃피는
가을 날이면 괜스레
연보라 빛 미소 지으며 기다리는
쑥부쟁이 여인을 만날 것 같다

울어야 산다 I

울어야 산다 I

| 넷 겨울

울어야 산다 4

울어야 산다
눈물을 피하지 말자
눈물을 피하는 자
인생을 키울 수 없다

가족

낮이 지나면
반드시 밤이 오듯이
어제가 있어서
오늘이 오는 것이다

시작이 있어서
끝이 있듯이
출발이 있어서
도착이 있는 것이다

삶이 있어서
죽음이 있듯이
너가 있어서
내가 있는 것이다

이웃

생일이다
가슴 같은 사람들과
함께 밥을 먹는다
함께 차를 마시며
가슴과 가슴을 열고
어우러져 이야기를 나눈다

사람은
가슴과 가슴을 떠나서
살 수 없다
새 들이 공중을 떠나서
날 수 없듯이
물고기가 물을 떠나서
살 수 없듯이

'어느 사람은
백만금의 집을
천백만금을 주고 샀다
천만금은 이웃 값으로
(백만매택 천만매린)'

등교 길 1

누군가는 삼년을
또 다른 누군가는 삼십여 년을
한결같이 오르내리던 길

셀 수 없는
발길들이 스쳐간 길
남겨진 발자취 마다
떠오르는 얼굴들
그리고 잊혀 진 얼굴들
지금은 어느 길을 걷고 있을까

이제 머지않아
삼십여 년의 발 자욱이 담겨
나에게도 추억이 될
나의 등교 길

등교 길 2

마음을 열고
손을 내밀어 맞장구
하이파이브

가슴을 펴고
거리를 좁혀 껴안기
프리허그

나 속에 갇힌 나
너에게 나아가니

미움이 사랑으로
밀어냄이 껴안음으로
나무람이 북돋음으로
행복한 등교길

겨울에 피는 꽃

며칠 전에
눈꽃이 피더니
덩달아 피어난
개나리와 연산홍

계절을 잊은
꽃의 착각인가
아니면
경계를 허무는
작은 몸짓인가

승부역 가는 길

오로지
철길로만
기적소리로만
닿을 수 있다던

하늘도 세 평
꽃밭도 세 평인
하늘아래 가장 높은
승부역 가는 길

높이 솟은
산이 그리는
좁다랗고 구불구불한
실루엣 하늘 길을
이정표로 삼고

길가에 스치는
이름 모를 풀잎과
개울 따라 흐르는
시냇물 소리를
팻말로 삼아 가는 길

만나는 사람도 없이
마주치는 차도 없이

깊게 드리는
녹음의 검은 장벽 사이로
쏟아져 내리는 녹색바람에
젖으며 가는 길

하늘 아래 가장 높은
승부역 가는 길은
발길로 가는 길
눈길로 가는 길

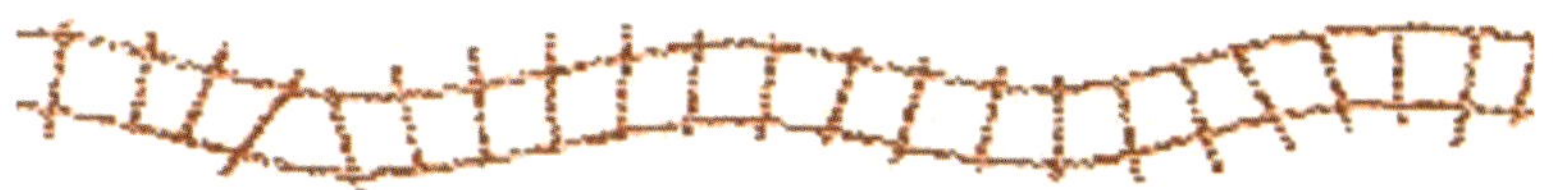

요즈음 세상

집집마다
아기 울음소리 드물고
그대 울음소리로 요란하다

늙은 부모는
요양원으로 가고
안방은 그대의 차지이다

사람과 사람사이에
그대가 우선이고
세상사는 이야기도
그대 이야기가 으뜸이다

병원에 가도
미용실에 가도
그대의 몸값이
나보다 더 높다

2018년 무술년
황금개띠 해란다
그렇지 않아도
귀하신 몸이
더욱 귀해 지셨다

올해는
그대의 건강을 위하여
유기농 음식까지
준비한다고
온 세상이 분주하다

요즈음 세상이

태종대에서

바다는
늘 향수이다
그리고 그리움이다
어린 시절의 추억과
보고 싶은 얼굴들이
파도로 출렁이는

바다는 안식이다
젊은 시절 도회생활에
지친 몸과 마음을 싣고
뽀얀 먼지 날리며
쉴 새 없이 덜컹거리는
신작로 귀향길에

차창 밖 바다 풍경이
눈에 가득 차오면서
소금기 밴 바다 내음
코 속에서 부서질 때

탁 트이는 가슴과
안도의 한 숨으로
시름이 포말처럼 부서지고
몸과 마음이 맑아져
쉼과 평안을 얻는

꽃

꽃은
아름답다

홀로 피어도
아름답다

모여서 피면
더욱 아름답다

사람도
모여서 어울리면
꽃보다 더 아름답다

눈

눈은 동심이다

잎도 없고
가지도 없는
하늘나무에서
무수한 눈꽃들
적막 가득한
소리로 내려와
새하얀 침묵으로
온 세상 덮으며
마냥 기쁘고
마냥 즐겁던
기억 건너 저편으로
멀어져 간 눈 같은
어린 시절 불러오니

눈은
동심으로 가는
키다리 아저씨의
발걸음이다

딸기

아직은
희미한 봄날에
붉은 정열이
맨 몸으로 쏟아져
온 몸에
소름으로 돋는
향기로운
입맞춤이여

독감

세상이 흔들린다

흔들리는 시선 아래로
시베리아 바람소리
귓가에 쌓이는데
콧바람엔
화기가 등등하다
뼈마디 마디마다
칼바람이 나와
피부를 찔러 가르고
메마른 입속에는
모래알들이
서걱서걱 굴러 다닌다

오감이 상했다
내가 흔들리는 것이다.

제야

해를 한 바퀴 돌아
또 한 해가
마지막 남은
달력 위를 떠나간다

희비로 얼룩진
나이를 먹고
비 바람을 이긴 나무가
나이테를 새기듯이
험산준령으로 무늬 진
연륜을 더 한다

섣달 그믐날 밤
멀리서 종소리 울리니
설익은 나이지만
어쩔 수 없이
마침표를 찍고

일렁이는 파도위로
솟아나는 새날을 향하여
또 다시
나그네 길을 떠나야 하리
더 이상
나이를 먹을 수 없는
그 날이 올 때 까지

새해 새 아침

그 해가 그 해이고
그 아침이 그 아침이지만

새해 새 아침은
오늘 하루가
내 인생 최고의 날인
것처럼 살라는 지인의
새해 인사로부터 온다

일출봉으로
동해안으로
해를 보러 떠나가는
해맞이 행렬로부터 온다

새해 새 아침은
묵은 때를 씻고
새 옷을 입고
마음을 가다듬는
목욕 재계로부터 온다

흩어졌던 가족들이
한자리에 모여 앉아
피워 올리는 정다운
이야기 꽃으로부터 온다

새해 새 아침은
낡은 수첩으로
새 수첩으로 바꾸고
차곡차곡 채워질
삶의 이야기를 기다리는
텅빈 페이지로부터 온다

새해 새 아침은
그 해가 그 해 같고
그 아침이 그 아침 같은
그 일상 속에서
새롭게 빛나는
작은 의미를 찾는
그 마음으로부터 온다

설날 아침

한 그릇 떡국으로
맞이하는 설날 아침
빈자리 너머로
가족사진만이 덩그렇다

조용이 무겁게
내리는 설날 아침
덕담을 갈 곳 없어
허공을 맴 돌고

가난한 마음으로
맞이하는 설날 아침이
아득한 어린 시절의
추억으로만 새롭다

이렇게 무술년의
설날 아침은 지나가고
또 다시
설날 아침은 오리니

차갑고 외로운
겨울 하늘 위로
기러기 무리지어
함께 날아간다

합부인의 퇴임식

단발머리 여고 졸업생에서
염색약 아래 감추어진 머리에
하얗게 서릿발이 내리기까지
헤쳐 온 사십년 세월

9급 공채에서
부이사관에 이르기까지
유리천정을 두 번이나 깨뜨리면서
맡겨진 사명 감당해 온 사십년 세월

부모님의 자식으로서
지아비의 아내로서
품안 자식의 어머니로서
국가의 공인으로서
네 겹의 도리를 지키며
견디어 온 사십년 세월

예천 뛰고 용궁 뛴
그 긴 세월의 이야기를
무슨 말로 다 담아 내리요
결코 만만치 않은 사십년의 세월
어찌 필설로 다 하리요

그저 지난 세월 피워 온
가슴 저미는 삶의 향기에
숙연함만이 가슴 가득 차오르는
함부인의 명예 퇴임식

가족이라는 이름

"벌어질 언제고 벌어져. 중요한 것은 그 후가 문제지."
인생은 선택의 연속이고, 어떤 선택을 하든 돌이킬 수 없다.
중요한 것은 그 후 삶의 균형을 맞추는 것이다.

탱고를 소재로 하여 한 순간에 무너져 내린 한 여인의 삶과
그 후 개인의 내면과 외면의 균형을 맞추어 살아가는 과정이
그리 호락호락하지 않음을 시대적 상황에 맞추어 그려 내는
연극 '아브라소'!

여자 주인공인 한 여인의 역을 1시간 30분 동안 탱고의 춤사위와
함께 대사로 혼신의 힘을 다하여 연기를 한 딸. 발바닥에 못이
박히도록 연습하고 연습했다는 '아브라소'를 보고 할 말을 잊었다.

게다가 대전에서 그리고 군복무 중 휴가를 내어서 함께 한 두 아들
서로 다른 공간에서 서로 다른 생활로 서로 바쁜 현실에서
바쁜 물리적 시간을 마음으로 여유를 내고 먼 물리적 거리를
마음으로 좁혀서 분주하고 열심을 내던 삶을 뒤로하고
한자리에 모여 축하하는 모습. 이것이 바로 마음이 기억하는
가족이라는 아름다운 이름일 것이다.